Raiponce

La maman de Raiponce adore la salade.

Mais, c'est l'hiver, et il n'y a pas de salade dans le jardin.

Un jour, elle regarde par la fenêtre le jardin de la sorcière.

– Regarde les belles salades ! dit-elle à son mari. S'il te plaît, prends un panier et ramasse des salades pour moi !

Le soir, le père de Raiponce escalade le mur du jardin de la sorcière. Il ramasse des salades pour sa femme.
– Que fais-tu ? crie la sorcière. Tu voles mes salades ! Tu es un voleur !

– Excusez-moi ! dit le père de Raiponce. Ma femme adore la salade, mais en hiver, il n'y a pas de salade dans notre jardin.

— Je te donne mes salades, dit la sorcière. Mais toi, donne-moi quelque chose en échange !

— Je suis pauvre, dit le père de Raiponce. Je n'ai rien à te donner.

– Tu as une fille ! dit la sorcière. Donne-moi ta fille !
– Non ! S'il te plaît ! Laisse ma fille tranquille ! crie le père de Raiponce.
La sorcière va dans la maison de Raiponce.
La petite fille dort tranquillement. La sorcière réveille la petite fille et l'emmène avec elle.

Raiponce est heureuse. Elle habite dans la forêt avec la sorcière depuis plusieurs années. Un jour, elles sont assises toutes les deux dans le jardin.
— Raiponce, dit la sorcière. Tu es une très belle jeune fille maintenant. Tu es assez grande pour vivre seule dans la tour !

La sorcière emmène Raiponce dans la tour.
Mais c'est une véritable prison : il n'y a pas de porte et il y a une seule fenêtre !

Tous les jours, Raiponce regarde par la fenêtre. Elle regarde la forêt avec ses arbres et ses belles fleurs. Elle chante avec les oiseaux et elle observe les animaux de la forêt. Mais elle est triste.

Raiponce a les cheveux blonds et très longs.
Quand la sorcière va voir la jeune fille, elle lui dit :
– Raiponce, Raiponce, laisse tomber tes longs cheveux par la fenêtre !
Raiponce laisse tomber ses longs cheveux et la sorcière escalade la tour jusqu'à la fenêtre.

Un jour, un cavalier passe près de la tour. Ce cavalier est un prince. Il entend chanter la jeune fille.
– Quelle belle voix ! dit le prince.
Il découvre une très belle jeune fille. Elle regarde par la fenêtre de la tour.
Le prince s'approche, mais il voit la sorcière. Le prince se cache derrière les arbres.

– Raiponce, Raiponce, laisse tomber tes cheveux ! dit la sorcière.
La jeune fille laisse tomber ses cheveux et la sorcière escalade la tour jusqu'à la fenêtre.

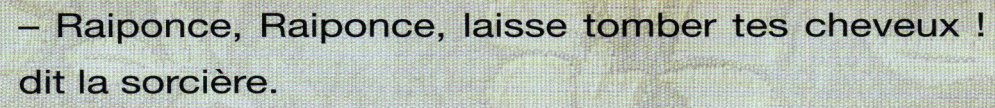

Le lendemain, le prince s'approche de la tour :
– Raiponce, Raiponce, laisse tomber tes cheveux !
La jeune fille laisse tomber ses cheveux et le prince escalade la tour jusqu'à la fenêtre.
– Qui es-tu ? demande Raiponce.
– Je suis un ami, dit le prince.

Le prince va trouver Raiponce tous les jours.

Ils parlent et s'amusent et la jeune fille est heureuse.

Mais un jour, la sorcière voit le prince.

Il dit au revoir à Raiponce.

La sorcière est en colère ! Elle va trouver la jeune fille.
– Raiponce ! Qui est ce jeune homme ? demande la sorcière.
– C'est mon ami ! dit Raiponce.
– Tu n'as pas le droit d'avoir des amis ! crie la sorcière. Elle coupe les magnifiques cheveux de Raiponce et…

… elle l'emmène dans une grotte.

Le lendemain, le prince va à la tour. Mais la jeune fille n'est pas là !

– Sauve-toi, dit la sorcière au prince. Raiponce n'est pas là et il est impossible de la trouver !

– Non, ce n'est pas impossible ! dit le prince.
Le prince cherche la jeune fille pendant des années.
Un jour, il trouve une grotte et… Raiponce !

Raiponce et le prince sont très heureux.
– S'il te plaît, Raiponce ! dit le prince. Viens avec moi dans mon château. Nous allons nous marier.

Le prince emmène Raiponce sur son cheval. Sur la route, ils trouvent une petite maison. Un vieux monsieur et une vieille dame ramassent des salades dans un jardin.
– Ce sont mes parents ! dit Raiponce. Maman ! Papa !
– Raiponce ! dit sa mère.
– Ma fille ! dit son père.

— Je veux me marier avec votre fille, dit le prince.
— C'est magnifique ! dit la mère de Raiponce.
— Je suis heureux pour vous ! dit le père.
— Venez avec nous au château ! dit le prince.
— Oh oui ! S'il vous plaît, venez avec nous ! dit Raiponce.

C'est l'été. Le prince et Raiponce se marient. Il y a une très belle fête pour le mariage dans le jardin du château.

Autour de l'histoire

1 Lis les phrases et coche Vrai (V) ou Faux (F).

		V	F
	Exemple : Il n'y a pas de salade dans le jardin de la sorcière.		✗
1	La sorcière emmène Raiponce dans la forêt.		
2	Il y a deux fenêtres dans la tour.		
3	Raiponce est heureuse dans la tour.		
4	Raiponce laisse tomber ses cheveux et la sorcière escalade la tour.		
5	Le prince va trouver Raiponce tous les jours.		
6	La sorcière voit le prince. La sorcière est contente.		
7	La sorcière coupe les cheveux de Raiponce et l'emmène dans une grotte.		
8	Le prince se marie avec Raiponce dans la tour.		

Mots-croisés

2 Regarde les images. Complète la grille avec les mots.

Des mots et des images

**3 Lis les mots.
Trouve la case et dessine le mot.**

Un arbre

Une fleur

Une fenêtre

Une salade

L'hiver

25 • ACTIVITÉS

Comment sont-ils ?

4 Choisis le mot et écris-le.

1 La sorcière est heureuse / en colère ………………………… .

2 Le jeune homme est en colère / triste ………………………… .

3 Raiponce est triste / en colère ………………………… .

4 L'homme est heureux / en colère ………………………… .

5 Le prince est vieux / jeune ……………… et triste / heureux ……………… .

6 La princesse est vieille / jeune ……………… et triste / heureuse ……………… .

Que font-ils ?

5 Associe les dessins aux phrases.

1

a La mère de Raiponce regarde par la fenêtre.

2

b Le père de Raiponce escalade le mur.

3

c Le prince emmène Raiponce et ses parents au château.

4

d La sorcière escalade la tour jusqu'à la fenêtre.

5

e Le prince va trouver Raiponce tous les jours.

Qu'est-ce que c'est ?

6 Relie les chiffres. Écris la réponse.

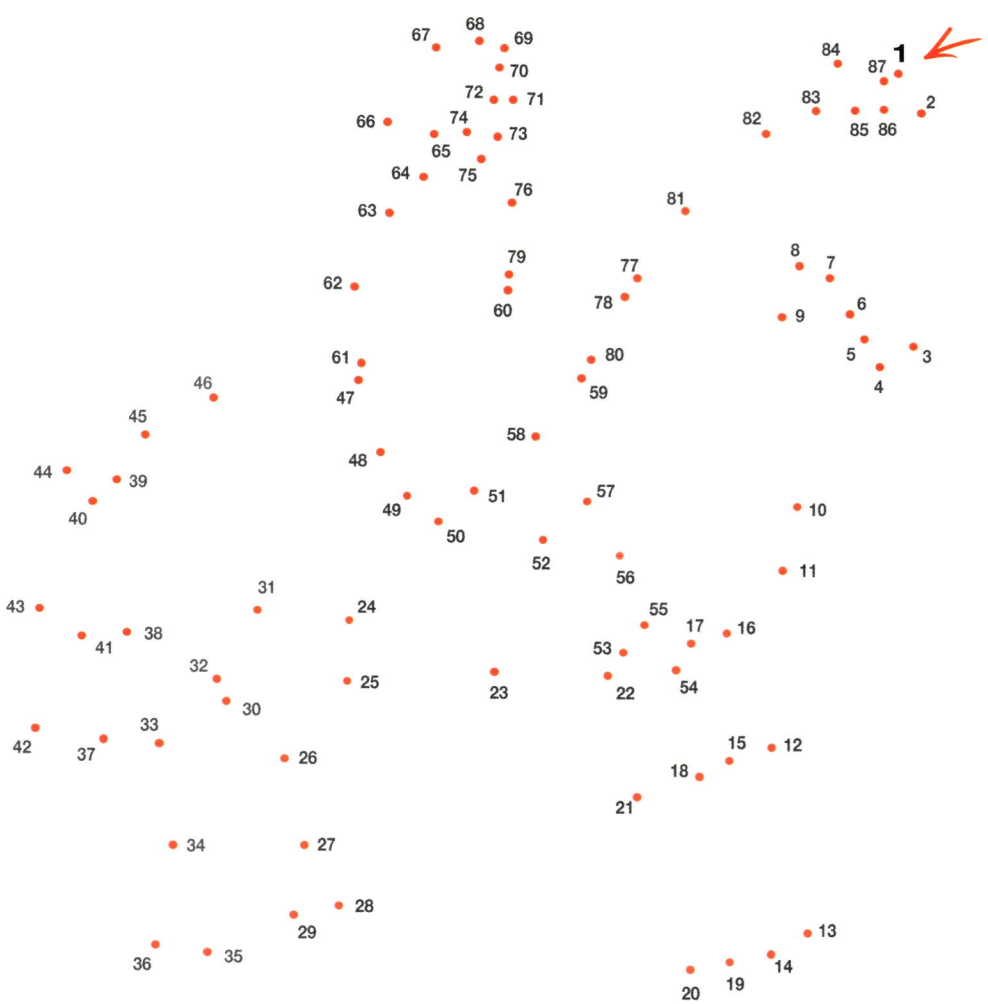

C'est un …………………… .

Dictionnaire en images

Une forêt

Un château

Des arbres

Une prison

Un jardin

Un mariage

Des fleurs

Une salade

Heureux/ Heureuse

L'hiver

Triste

L'été

En colère

Le mari  La femme  Une sorcière

La mère  Le père  Un cavalier

 La fille Escalader

Un voleur  Se cacher

Un prince  S'amuser

Se marier

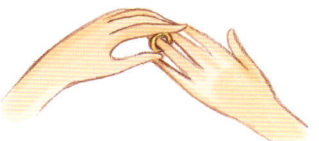

Voler

Ramasser

Dire au revoir

Solutions

Page 23 – Activité 1
1 V 2 F 3 F 4 V 5 V 6 F 7 V 8 F

Page 24 – Activité 2

		2								
1 C	H	E	V	E	U	X				
		4		5						
	3 F	I	L	L	E					
				6 C	H	E	V	A	L	
						8		U		
					7 G	R	O	T	T	E
						9		E		
						10 A	R	B	R	E
						H		D		
				11 O	I	S	E	A	U	
								V		
				12 F	L	E	U	R		
								R		

Page 26 – Activité 4
1 en colère 2 triste 3 triste
4 en colère 5 jeune et heureux
6 jeune et heureuse.

Page 27 – Activité 5
1 d 2 a 3 e 4 c 5 b.

Page 28 – Activité 6
C'est un cavalier.

31 • ACTIVITÉS

Rédaction : Maréva Bernède
Conception graphique et direction artistique : Nadia Maestri
Mise en page : Carla Devoto

© 2013 Cideb

Première édition : janvier 2013

Tous droits réservés. Toute représentation ou reproduction intégrale ou partielle de la présente publication ne peut se faire sans le consentement de l'éditeur.

L'éditeur reste à la disposition des ayants droit qui n'ont pu être joints, malgré tous ses efforts, pour d'éventuelles omissions involontaires et/ou inexactitudes d'attribution dans les références.

Pour toute suggestion ou information, la rédaction peut être contactée à l'adresse suivante :
info@blackcat-cideb.com
blackcat-cideb.com

The design, production and distribution of educational materials for the CIDEB brand are managed in compliance with the rules of Quality Management System which fulfils the requirements of the standard ISO 9001 (Rina Cert. No. 24298/02/S - IQNet Reg. No. IT-80096).

ISBN 978-88-530-1332-3

Imprimé en Italie par Litoprint, Gênes